《潮汕华侨文化》编委会

丛书主编：纪彦芳

丛书主审：林伦伦

编　　委：林耀龙　黄泽雄　谢彦民

本册主编：陈少娜

副　主　编：林咏贝

参　　编：谢塎镛　黄若妮　陈　媛　纪立如

　　　　　纪　速　方之祺　王晓莉　郑曼琪

指导单位：

汕头公共外交协会

汕头市教育局

汕头市侨务局

汕头市归国华侨联合会

汕头市龙湖区公共外交协会

汕头市龙湖区教育局

汕头市龙湖区侨务局

汕头市龙湖区归国华侨联合会

潮汕华侨文化

《潮汕华侨文化》编委会 / 编

第二册

广东高等教育出版社
Guangdong Higher Education Press

· 广州 ·

图书在版编目（CIP）数据

潮汕华侨文化. 第二册 /《潮汕华侨文化》编委会编.—广州：广东高等教育出版社，2023.5

ISBN 978-7-5361-7317-0

Ⅰ．①潮…　Ⅱ．①潮…　Ⅲ．①华侨 – 文化 – 潮汕地区 – 小学 – 教学参考资料　Ⅳ．① G624.453

中国版本图书馆 CIP 数据核字（2022）第 176413 号

潮汕华侨文化（第二册）

CHAOSHAN HUAQIAO WENHUA（DI-ER CE）

出版发行	广东高等教育出版社
	地址：广州市天河区林和西横路
	邮编：510500　　营销电话：（020）87553335
	网址：www.gdgjs.com.cn

印　张	4.25
字　数	32 千
版　次	2023 年 5 月第 1 版
印　次	2023 年 5 月第 1 次印刷
定　价	25.00 元

序

　　潮人文化源远流长，其主要源流有三：一是粤东沿海原住民的土著文化，二是从河南经福建入潮移民的中原文化，三是从原住民到潮人（中原移民）的海上活动形成的海洋文化。

　　现汕头市的南澳县、澄海区的程洋冈、潮阳区的海门，潮州市饶平县的柘林，揭阳市惠来县的神泉等，都曾经是不同历史时期粤东沿海的著名港口，是海上丝绸之路的重要节点。明清以来，现汕头市澄海区的樟林港，更曾经是粤东、闽西南、赣东南人民南下中国香港地区和东南亚各国，北上上海、青岛、天津、北京和日本、韩国的重要港口。1860年汕头开埠前后，英国等国家的轮船陆续通航汕头，并有十多个国家先后在汕头设立了领事馆，汕头港逐步取代了樟林港的地位而成为中国东南沿海地区的重要港口。

　　1921年，汕头正式设立了市政厅，有了首任市政厅厅长，到2021年刚好100周年。据《潮海关史料汇编》记载，汕头港的进出港船舶总吨位曾经名列全国第三。近代从樟林港和汕头港漂洋过海到我国香港地区和东南亚各国谋生的潮人以数百万计。发展到现在，潮籍的华侨华人更是以千万计，潮汕民间有"海内一个潮汕，海外一个潮汕"的说法。数百年来，这1 000多万的"番客"（海外华侨华人），搭乘着红头船或者轮船，在潮汕与中国香港地区及东南亚各国之间频繁来往，或贸易，或探亲，形成了潮人文化三大源流之一的海洋文化，也形成了潮人"爱国、爱乡、爱自己的家人"的优秀品质和"艰苦拼搏、勇于创业、开拓进取、海纳百川"的精神特质。

今天，时代的列车已在 21 世纪的轨道上飞速前行。历史积淀深厚的潮人文化、丰富多彩的华侨文化虽然曾经深深地烙印在前辈潮人身上，但对于当代的少年儿童来说，似乎已成前辈故事。但是，潮人文化中爱国爱乡、拼搏创业、追求精致等优秀特质，值得年轻人继续传承和发扬。

有鉴于此，汕头市龙湖区金阳学校教育集团在上级各单位的指导下，为潮汕侨乡和国内外的潮人少年儿童编著了这套"有声有色"（音频、插画）的《潮汕华侨文化》读本，希望通过学校的教学和课外的阅读，让同学们了解潮汕侨乡文化的源流，了解自己的家乡，知道自己的根在哪里，使优秀的潮汕侨乡文化得以延续和弘扬。

我有幸受邀作为读本的主审，参与了教师们的编写、修改，初稿评审、再修改，二稿评审、第三次修改，三稿评审、第四次修改，直至定稿交出版社的整个过程，认为这是一套内容丰富多彩、富有潮汕侨乡特点、有声有色有趣味的，适合孩子们阅读、学习的读本。特写下这篇千字短文作为序言推介之。

林 伦伦

2022 年暑假写于汕头

作者系当代著名语言学家，广东技术师范大学教授，汕头大学原副校长、韩山师范学院原校长。

目　录

第一单元

童谣

① 十二个月农业生产之歌

正月落粟种①，二月荫冬瓜②。

三月秧苗长，四月茄开花。

五月桃囝熟，六月挒③地瓜。

七月摘龙眼，八月剥麻皮④。

九月鱼菜齐⑤，十月新米炊⑥。

十一月柑皮红，十二月梅开花。

【注释】

① 落粟 [cêg⁴] 种：播种稻谷的种子。

② 荫 [ih⁴] 冬瓜：种冬瓜籽育苗。

③ 挒 [liu²]：挖。

④ 剥 [bag⁴] 麻皮：剥下苦麻的皮，晒干后用来拧做麻绳。

⑤ 鱼菜齐 [zoi⁵]：海鲜、蔬菜品种多样。

⑥ 新米炊：指晚稻收割，用新米做饭。谚语有："十月十，新米饭，胀平目。"

这首童谣描写了农历一年十二个月潮汕地区农业生产的基本情况，强调农作物种植、生长、收成与季节的关系，教育孩子们要懂得不违农时，积极生产，才有好的收成，进而从小培养孩子们热爱劳动的习惯，懂得有劳动才有收获的道理。

　　潮汕地区自清末以来就地少人多，因此，潮汕平原地带的农民十分注重精耕细作、间种套种，以期在有限的土地上收获更多的粮食。在长期的农耕实践中，他们积累和总结出许多宝贵的耕作经验，并一代又一代地传承下来。久而久之，这些"种田经"就成了潮汕地区的农业生产习俗。

　　一分耕耘一分收获，亲手栽种的果实想必更加甜美可口。请你选择一种蔬菜或瓜果的种子，自己育苗和种植，并用相机记录下从育种到收获的全过程，与同学们一起分享！

② 天顶一粒星

天顶①一粒星，地下开书斋②；

书斋门，未曾开，阿孥③拼④爱食油馉⑤；

油馉未曾熟，阿孥拼爱食猪肉；

猪肉未曾割，阿孥拼爱食番葛⑥；

番葛未曾挶，阿孥拼爱食阿老爹二盅酒；

酒未鞠⑦，爱食粟；

粟未挨⑧，爱食鸡；

鸡未刣⑨，爱食梨；

梨未摘，阿孥哭久白白歇⑩，白白歇。

　　这是一首极具趣味性的童谣。大人正在逗哄哭闹的孩子，使孩子明白无理取闹是没有任何结果的。歌谣使用"顶针"的修辞手法，一件事一件事无休止地接续下去，虽然并无内在关系，但却告诉孩子每一件食材和食品都需要通过生产、劳作才能获得的道理。还有最重要的，就是长大了，就要去"落书斋"（上学）。

潮汕书斋是旧时有钱人家提供给子孙读书、会友或休闲的场所。也有把书斋称为学堂。历史上的潮汕书斋，虽然是一种旧式教育形制，但其历史作用是值得肯定的。第一，它是传承中华优秀传统文化的阵地，对儒家文化以及潮汕文化的继承和发扬功不可没；第二，其教法灵活，注重实用；第三，它实行个别教学，有利于具体而结合实际的指导；第四，它注重因材施教，顺应学生的特点助其成才；第五，私塾老师都是"全科教师"；第六，在读诵至熟后再理解，采用反刍的学习方法。

潮汕书斋是潮汕地区重要的历史文化遗产，有其丰富的文化内涵和历史价值，值得我们去挖掘、研究和开发利用。请你和同学们利用周末或假期到潮汕的旧书斋开展研学活动，丰富自己的课外知识。

❸ 挨米来饲鸡

挨啊挨，挨米来饲[1]鸡。

饲鸡叫啯家[2]，饲狗来吠夜[3]，

饲猪好致富，饲牛拖犁耙。

饲阿孥来落书斋，无落书斋分[4]人骂。

【注释】

① 饲 [ci⁷]：饲养。

② 啯家 [gog⁴gê¹]：象声词，鸡叫声。

③ 吠 [bui⁷] 夜：守夜。

④ 分 [bung¹]：介词，相当于"被、让、给"。

导 读

　　这是一首诙谐有趣的童谣。童谣体现了以前的潮汕家庭的美好愿望：子女齐全、六畜兴旺。

知识拓展

　　六畜泛指家畜，主要指马、牛、羊、猪、狗、鸡。古时候，马是战争和交通的重要工具；牛担负着繁重的农作劳动；羊性格温驯，象征着吉祥如意；猪是人类重要的肉食品来源；狗是护院和狩猎的好帮手；公鸡能司晨报晓，母鸡能下蛋孵小鸡。在潮汕地区，还养鹅、鸭，鹅、鸭与鸡并称"三鸟"。

活动探究

　　家畜不仅是美好愿望的寄托，也是农村孩子们日常生活的"伙伴"。过去的农村里，很多孩子有牧牛、放鹅的经历，并学会了一些农业生产的小技能，这些都在孩子们的心里留下了有趣而美好的记忆。请你在教师或者家长的陪伴下，到农业生态园或者农村参观、研学，观察鸡、鸭、鹅、猪和牛的生活习性，并把见闻分享给同学们。

4　年年冬节边

年年冬节边，家家户户在舂①米；

舂米做乜事②？舂米来挲圆③。

挲圆做乜事？

一粒搭④粟篅⑤，一粒搭门边；

搭了好乜事？

人呾⑥搭了平平安安荄⑦唔见。

【注释】

① 舂 [zêng¹] 米：碾米的意思。

② 乜 [mih⁴] 事：什么事儿。

③ 挲 [so¹] 圆：搓汤圆。

④ 搭 [dah⁴]：贴。

⑤ 粟篅 [diam⁶]：囤放稻谷的竹席。

⑥ 呾 [dan³]：说，讲。

⑦ 荄 [bhoi⁶]：不会。

导　读

　　这是一首描述潮汕地区冬节（冬至）吃汤圆习俗的童谣。每逢冬至，潮汕家家户户舂米、搓汤圆，在门上粘贴汤圆等民俗，寄托了潮汕人期望阖家团圆、幸福美满、老少平安的美好愿望。

知识拓展

　　潮汕人把冬节（冬至）当作过小年，保留了周朝冬至过新年的习俗。潮汕地区旧俗认为过了冬至就大了一岁。在冬至这一天，潮汕人无论身在何处，都有吃"冬节圆"（汤圆）并"拜老公"（祖宗）的习俗。家庭成员有外出不在家者，家里会为他保留"圆粞"（糯米面），等他回家时再补吃。

　　潮汕地区冬至除了吃汤圆，还有哪些习俗呢？今年冬至，在家长的指导下，你也试试"挲圆"吧。或到乡下了解冬至的习俗及活动过程，并分享给同学们。

❺ 雨落落

雨落落，阿公去栅薄[1]。

栅着鲤鱼共[2]"苦螺"[3]。

阿公哩爱烙[4]，阿嬷哩爱炣[5]，

二人相詏[6]相挽毛[7]。

挽去问老爹，老爹笑呵呵，

呾恁[8]二人食饱无事好笑绝[9]。

【注释】

① 栅 [zah⁸] 薄：一种捕鱼的方法。

② 共 [gah⁴]：和。

③ 苦脮 [co¹]：一种小鱼。

④ 烙 [luah⁴]：干煎。

⑤ 炣 [ko¹]：一种烹调的方法，用文火慢煮。

⑥ 相訽 [a³]：吵架。

⑦ 相挷 [mang²] 毛：相互拽头发。

⑧ 恁 [ning²]：你们。

⑨ 好笑绝：好笑极了。

导读

　　这首童谣通过讲述下雨天爷爷去河里捕到了一些小鱼，回家后因为烹饪方法的问题，与奶奶发生了争执的故事。它描绘了潮汕家庭人们生活间的一些诙谐画面，充满了生活情趣。在孩子们的眼里，虽然奶奶和爷爷的争执显得很有趣，但也被邻居视为"好笑"的行为。歌谣不但反映了童趣，也反映了"家和万事兴"的愿望。

　　潮汕地区渔业发达，盛产海鲜与河鲜。潮汕人常吃的主要海鲜种类丰富，有黄花鱼、带鱼、金枪鱼、马鲛鱼、红鱼、石斑鱼、墨鱼、斑节对虾、海贝、海藻、螃蟹、海带、紫菜等。因此，潮州菜式以烹制海鲜见长，各款以海鲜为主要烹调原料的潮菜远近驰名。

　　你家里的餐桌上都出现过哪些鱼类呢？你是否知道它们在潮汕话中的名称呢？请你了解10种鱼虾的名字及其生活习性，并与小伙伴交流。

❻ 天上月，地下花

天上月，地下花，生有逗囝①会②发家。
发家有好食，爹娘食到红牙牙③。

天上月，地下花，生有走囝④会纺纱，
纺纱有好穿，爹娘穿到烧霞霞⑤。

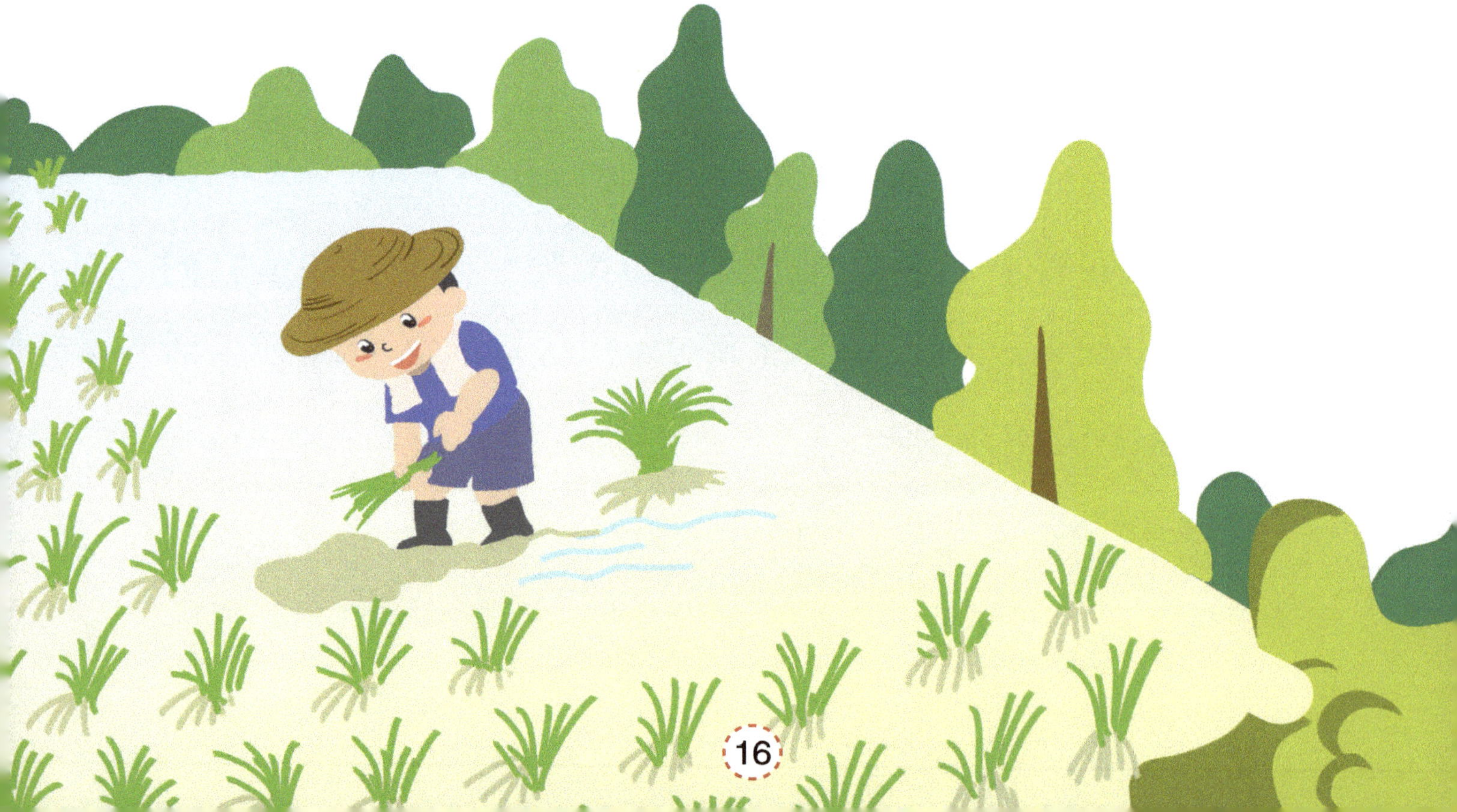

导 读

　　母亲怀胎十月生下我们已是不易，而从我们出生到长大成人，离不开父母的抚养和照顾。等到他们老了的时候，也到了需要我们回报他们的时候。这首歌谣正是反映了潮汕家庭生儿育女、男耕女织、孝敬父母的传统美德，这也是中华优秀传统文化中提倡的优良家风。现代社会虽然已经不是"男耕女织"了，但男女分工还是各有不同，家庭成员之间需要密切配合，互助互补，才能"家和万事兴"。

潮汕人注重伦理观念，重视家庭、家族的纽带作用，普遍具有族群共荣意识。在潮汕地区，孝敬父母、追念先祖恩德是优良的传统习俗之一，这是对中华优秀传统文化中"忠孝"观念的传承。在农村，不少地方还保留着以前修建的宗族祠堂，逢年过节，祠堂里多有祭拜祖宗、感念祖德的活动。这也涵养出了潮汕人的忠孝观念、团结意识、尊老敬贤之风，以及重视子女教育、传承好家风等传统教育意识和美德。

1．有条件的话，请你在教师或家长的带领下，参观农村的宗族祠堂，了解祠堂里祭拜活动的内容和过程，并把它分享给同学们。

2．你为爸爸妈妈做过什么事吗？与同学们交流你孝敬父母的做法。

⑦ 天下奇事多又多

天下奇事多又多，听我来唱颠倒歌。
老鼠拖猫上竹篙①，鸡囝错脚踩死鹅。
秀才上山掠②海马，书生厝顶③摸田螺。
山顶猪咬大老虎，海底虾仔食鲢哥④。

【注释】

① 竹篙 [go¹]：竹竿。

② 掠 [liah⁸]：抓。

③ 厝 [cu³] 顶：屋顶。

④ 鲢 [lai³] 哥：一种海鱼的名称。

导读

　　这是一首在事理上十分矛盾的颠倒歌。歌谣中叙说了一连串与事实相反的奇怪现象，显得诙谐有趣。有趣的颠倒歌体现了潮汕人的幽默，是孩子们互相逗乐的一种语言游戏。

知识拓展

　　颠倒歌通过对常理事物的逆转叙述，把不可能出现的事物、现象描绘得绘声绘色，让人产生一种反常、奇特、滑稽的感觉，引人发笑。在引发孩子的好奇之后，让孩子们认识歌谣中事物的生活习性，学习一些动物、植物的知识，激发了孩子们的学习兴趣，也促使他们能从相反的角度去思考问题，从而提高辨别事物的能力，同时培养了孩子们的想象力和幽默感。

活动探究

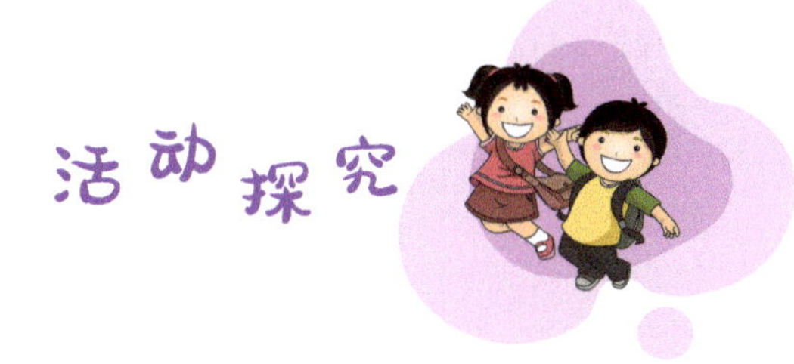

在生活中，相信你也能发现许多有趣的事物。请你抓住事物的特点，试着仿写一两件“奇事”，并和同学们一起分享，看看谁的奇思妙想更新颖有趣。

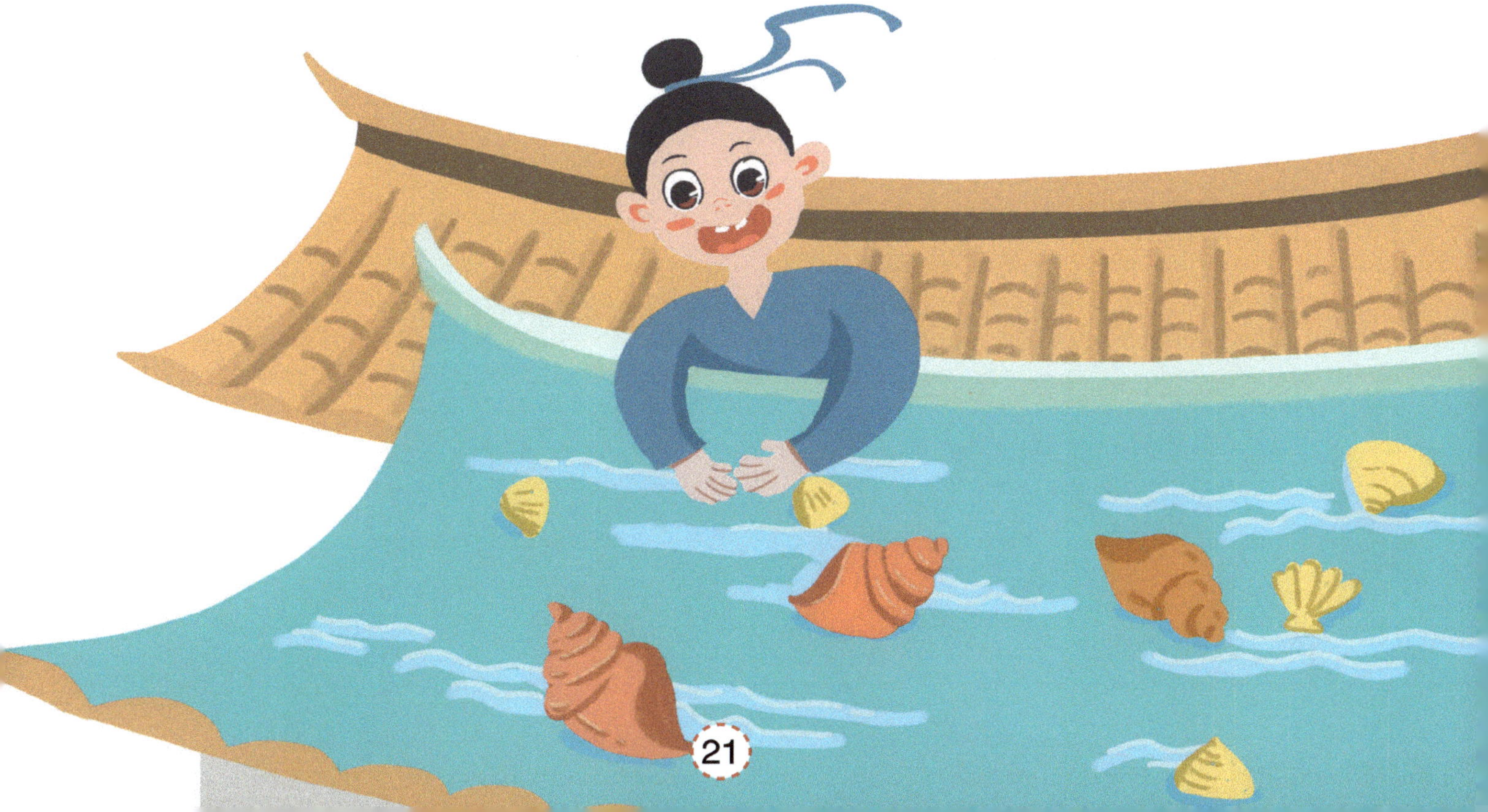

扫码听音频

8 拥啊拥

拥①啊拥，拥金公②。

金公做老爹③，阿文阿武④来担靴⑤。

担靴担浮浮⑥，饲猪大过牛。

大牛生马囝⑦，马囝生珍珠。

珍珠辚辚圆⑧，阿舍⑨读书赴科期⑩。

科期科期科，阿舍读书中探花。

去时书僮担行李，来时大轿共彩旗。

【注释】

① 拥 [ong⁶]：轻轻地拍着节奏哄孩子睡觉的动作。

② 金公 [gong⁶]：对婴儿的昵称。

③ 老爹：对官老爷的尊称。

④ 阿文阿武：指家中的奴仆。

⑤ 担靴：指穿靴、脱靴。

⑥ 担浮浮：把腿抬高起来。

⑦ 马囝：小马驹。

⑧ 辚 [ling⁵] 辚圆：滚圆滚圆。

⑨ 阿舍：过去对富贵或者官宦人家孩子的称呼，犹如"少爷"。

⑩ 科期：科举考试。

导 读

  这是一首广泛流传于潮汕地区的催眠曲，各地传唱的版本略有差别。通过母亲轻轻地拍打着节奏哄孩子睡觉的动作，边拍打边吟唱，表达了家中长辈对孩子们长大后平安健康、生活无忧、学有所成的美好寄望。

　　许多潮汕人的童年时代，几乎都曾在这首轻快的催眠曲中进入梦乡。这种催眠曲的特点就是朗朗上口，而且"没完没了"。所谓的"没完没了"，是指采用了顶针续句的修辞手法，前一句末尾的字词作为后一句的开头，词句连续。这样的歌谣也叫连珠歌。只要需要，家长还可以不断地连续唱下去，直到宝宝进入甜蜜的梦乡。

　　在成长过程中，长辈曾经为你唱过哪些摇篮曲，你还记得吗？或者，你还学过哪些普通话的摇篮曲？试着与同学们交流，看看有什么不同。

⑨　潮汕特产歌

潮汕物产实在多，好编诗歌千万箩。

澄海出名猪头粽，月浦出名狮头鹅；

桑田出名大赤蟹，潮阳出名冬瓜膏；

达濠出名本港鱿①，深澳出名甜石榴②；

普宁出名老豆酱，新圩出名芳③菜脯④；

盐鸿出名鲜薄壳，隆江猪脚别处无。

【注释】

① 本港鱿 [iu⁵]：本地港口打捞上来的小鱿鱼。

② 石 [sioh⁸] 榴：果实洁白透明，味甜似蜜。

③ 芳 [pang¹]：泛指所有东西的香味。

④ 菜脯 [bou²]：萝卜干。

　　这首歌谣轻快活泼，罗列了潮汕各市县特有的美食物产。都说"一方水土养一方人"，随着时间的推移，潮汕地区仍保持着本身的物质文化和饮食习惯，用当地生产的食材制作出美味的食物。通过朗读学习歌谣，孩子们能懂得美食特产不仅是餐桌上的小吃点缀，更承载了潮汕人对生活的热爱和美好的回忆，体现了潮汕地区的物产丰饶和潮汕人民的心灵手巧。

　　潮菜，也称潮州菜，是潮汕民俗文化的主要组成之一。潮菜历史悠久，流传广远。潮菜的特点：一是"新鲜"，讲究食材的产地和当令新鲜；二是精于烹制，即使是普通的食材，也能烹制出美味佳肴，如护国菜羹和糕烧番薯，食材只不过是红薯叶和红薯而已。

1．潮菜菜品款式繁多，请选择感兴趣的一两道潮菜或几种潮式小吃，了解它们的制作工序和烹饪过程，自己动手做一做，和家人一起品尝。

2．根据特产歌，请你绘制一张潮菜名产食材产地地图。

10 家乡大变样

番畔^①阿公回家乡，我牵阿公过石桥。

来看田园好收成，来看溪墘^②种弓蕉^③；

看看山下古寨村，看看工厂新工场；

看看山前旅游区，看看后生人^④赶新潮。

阿公头^⑤行头呵脑^⑥，呵脑俺个家乡大变样！

【注释】

① 番畔 [boin⁵]：指外国。

② 溪墘 [gin⁵]：溪边。

③ 弓蕉：香蕉，因为形状弯弯似弓而得名。

④ 后生人：指年轻人。

⑤ 头……头……：一边……一边……。

⑥ 呵脑 [o¹ lo²]：夸赞，表扬。

　　这是一首新童谣，由林锦城先生所作。林先生为广东汕头人，主要从事儿童文学及歌词创作。这首歌谣讲述了年轻时离家闯南洋的阿公回到家乡后，看到家乡人民安居乐业、工农业生产蒸蒸日上的新图景，赞美了家乡日新月异的美好生活，反映了华侨对家乡的热爱。

知识拓展

　　汕头于 1860 年正式开埠，是中国沿海最早对外开放的港口城市之一，至今已经有 160 多年。开埠后的汕头港，成为往返汕头到中国香港地区、东南亚各国的轮船港口。潮人很早便走出国门到外国谋生。"过番"打拼的华侨们不忘反哺家乡，或者回家乡投资创业，或者捐资办学等。小公园开埠区就是典型的东南亚风格的骑楼建筑群，其中不少高楼大厦是华侨回来建造的，例如南生百货公司（百货大楼）、胡文虎大楼、胡文豹大楼、汕头大厦等。

活动探究

　　老建筑不仅见证了时代的变迁，更留下了独特的回忆。请你到小公园开埠区，选择一条街、一栋楼或一座著名的建筑，了解它的精彩故事，并把它写下来，与同学们分享。

第二单元

过番歌

11　一溪目汁一船人

一溪[1] 目汁[2] 一船人，
一条浴布[3] 去过番。
钱银[4] 知寄人知转，
勿忘父母共[5] 妻房[6]。

【注释】

① 溪：河。

② 目汁：眼泪。

③ 浴布：一种方格长条形浴巾，也叫水布、番幔、头布。

④ 钱银：钱。

⑤ 共：作连词，与普通话"和""与"等并列连词作用相同。

⑥ 妻房：妻室。

导　读

　　这首歌谣写的是一个催人泪下的离别场面：一船将要"过番"的人与送行者依依惜别，送行者挥泪叮嘱将要远行的人，去海外打工赚了钱要寄回来养家，人也要平安回来，不要忘记了家乡的父母和妻子。它反映了潮汕人不得不"过番"谋生的艰辛和亲人间难舍难分、伤感辛酸的情感。

　　"番"指外国。"过番"指离开故土，到国外谋生。潮汕人"过番"的国家，主要有暹罗（泰国）、印度尼西亚、马来西亚、新加坡等。潮汕人在海外被看成是一个最能吃苦、最善于经商的独特群体。特别是 20 世纪 80 年代以后，在东南亚的潮汕人更是抓住了机遇，成为世界华侨华人经济中极其活跃的重要部分。但是，东南亚潮汕人今天辉煌的背后，却有着常人无法想象的艰辛。在潮汕歌谣、俗语中，就有不少反映了潮汕人"过番"艰苦的奋斗历程。

　　请你与家长一起到西堤公园侨批纪念地参观，了解从汕头出发到泰国、印度尼西亚、马来西亚、新加坡等国家的距离及船程，和同学交流老一辈华侨"过番"谋生的艰辛。

12　一条浴布五尺长

一条浴布五尺长，轻纱薄织二尺宽，
洗浴①擦身多爽快，又平②又好又方便。
雨天遮身③当雨衣，热天遮日当葵笠④，
劳动之时做腰带，树下做席也舒心。

【 注释 】

① 洗浴 [êg⁶]：洗澡。

② 平 [pin¹]：便宜。

③ 遮身：遮住身体。

④ 葵笠 [guê⁵ loih⁸]：竹笠，斗笠中的一种。

　　这首歌谣介绍了一条浴布的很多种作用，浴布有五尺长、两尺宽，质地轻薄，可以盛物当包裹，可以擦身当浴巾，可以蒙头当布帽，可以系身当腰带，可以铺地当席子，可以遮身当被子……浴布一物多用，是过去潮汕农村里男人的"标配"。

　　浴布也叫潮汕水布，可能是由东南亚华侨早年带进来的，曾被称为番幔或番浴布等。潮汕地区雨量充沛、江河交错、多种水稻，农民田间劳动时常遇雨涉水或与泥巴打交道，天气炎热时节，流汗和污垢甚多，常要下水洗澡，需要一块可以随时洗澡或擦汗用的布。这种薄而宽长的纱巾最为适用，故旧时潮汕农民人人都有这种浴布。在舞台上，浴布也成为潮汕农民形象服饰的特征之一。

　　浴布不仅可以用来擦身，当头巾、腰带、席子等，还可以用来干什么？想办法找到一条浴布，试试它的各种用法，再看看你能不能想出一两种创新的用法。

13　火船行到七洲洋

火船行到七洲洋（太平洋），

回头望无我家乡。

想起六亲目汁滴①，

若② 叆③ 硗苦④ 免过洋⑤。

火船行到实叻⑥ 埠⑦，望见埠上人生疏。

人面生疏语⑧ 不同，朋友亲情⑨ 一概无。

【注释】

① 滴：流。

② 若：如果。

③ 叆 [bhoi⁶]：不是。

④ 硗 [kieu¹] 苦：贫穷困苦。

⑤ 过洋：过番，漂洋过海。

⑥ 实叻 [sig⁸ lag⁸]：也作石叻，指新加坡。

⑦ 埠 [bou¹]：有码头、港口的城镇。

⑧ 语：语言。

⑨ 亲情 [zian⁵]：亲戚。

　　这首"过番"歌唱出了"过番"者因生活所迫离别家乡，初到异国谋生，人地生疏、举目无亲，思念家乡亲人，盼望着早点回家乡与亲人团聚的思想感情。

知识拓展

　　潮汕地区自清朝以来就人多地少，土地养不活太多人。于是，很多人就开始出外谋生，包括"过番"到国外。潮汕人有着爱拼才会赢、勇敢闯世界的精神，还有"小小生理（生意）会发家"的商业观念。他们在外地、外国刻苦耐劳、省吃俭用，积攒下资金便瞄准商机、投入生意，努力成就一番事业。潮商是中国著名的商帮之一。

　　"过番"者来到七洲洋，人生地不熟，但却都一直努力拼搏，直到安居乐业，甚至发家致富。你的家乡有哪些著名的华侨呢？找出一两位来，了解他们艰苦创业、成就事业的故事，并分享给同学们。

14　天顶飞雁鹅

天顶飞雁鹅，
漂洋过海去暹罗①，
人呾番畔金好抔②，
来到正③知恶④张罗。
天顶飞雁鹅，
抛家离舍去暹罗，
人呾番畔钱易赚⑤，
做人苦力苦处多。

【注释】

① 暹 [siem⁵] 罗：泰国的旧称。

② 抔 [bug⁴]：捧，往里装，这里指钱多到可以用手往簸箕里装。

③ 正 [zia³]：才。

④ 恶 [oh⁴]：难。

⑤ 赚 [tang³]：赚钱。

导 读

　　这首歌谣描写的是当年"过番"者由于生活所迫，别妻离子来到泰国打工，举目无亲，受人欺凌，生活艰苦，很难赚到钱的艰难处境。

知识拓展

　　"过番"者初到暹罗（泰国）时，境况十分恶劣。但潮汕人凭借精明的头脑、勤劳的双手和勇于拼搏的精神，在异国他乡艰难创业，大部分人终于能够安居乐业，少数佼佼者成为泰国华人社会的翘楚。如金融巨子、银行家郑午楼、陈弼臣，簧利集团的陈簧利家族，正大集团的谢易初、谢国民家族，世界第二大金枪鱼罐头制造商陈汉士，脚踏车制造商和销量世界第一的胡玉麟，拥有泰国最大的钢铁集团的吴玉音，泰国最大的汽车装配商陈龙坚，泰国最大的鳄鱼、珍珠鱼皮具生产商黄裕旺，拥有世界最大规模的鳄鱼湖的杨海泉，还有被誉为"泰国影业大王"的辜炳标、"泰国纺织大王"的郑创基，等等。他们不仅通过努力拼搏成就了自己的辉煌事业，同时还不忘回馈家乡和亲人，体现了华侨爱国爱乡的精神。

向爷爷奶奶请教，哪些是华侨在自己家乡捐资建设的学校、医院？了解事情的经过，并把华侨捐资办学、办医院等故事分享给同学们。

15　七月秋风转凉哩

七月秋风转① 凉哩，

爱② 寄衣衫去乞③ 伊④ 。

爱寄寒个⑤ 又太早，

爱寄热个⑥ 又过时。

【注释】

① 转 [zuang²]：转向。

② 爱：想要。

③ 乞 [keh⁴]：给。

④ 伊：他。

⑤ 寒 [ngang⁵] 个：冬天穿的（衣服）。

⑥ 热 [ruah⁸] 个：夏天穿的（衣服）。

导　读

　　这首歌谣叙述了天气开始变凉了，家人想要邮寄衣服去给远在异国他乡的亲人，但邮寄冬天穿的衣服太早了，邮寄夏天穿的衣服又怕收到时已经过季了，一时犹豫不决。它表达了侨眷对漂洋在外的亲人深深的思念和牵挂之情。

　　潮汕人到"番畔"后，往往把家乡的生活习俗和传统文化带到国外，如手工艺技术、农业种植技术、饮食习惯和文艺娱乐习俗等。所以，潮州陶瓷、潮菜、工夫茶、潮剧、潮州音乐、潮州歌谣等得以在异国他邦传播和发展。除了将家乡风俗传播至海外，"过番"客也将外国风俗带回国内，与本土文化碰撞形成新的产物。例如以美食著称的潮汕地区，有一种调味品"沙茶酱"，就是源于东南亚的沙嗲酱。东南亚当地人在烤肉串时会刷上一种特制的辛辣酱料，人们称为沙嗲酱，而"沙嗲"在马来语中是烤肉串的意思。后来"过番"客将这种特殊酱料带回家乡，并将其进行改良，使得风味更加迎合潮汕大众的口味。因在潮汕话中，"茶"与"嗲"谐音，故潮汕人将这种调味品称为沙茶酱。

　　你知道华侨们在"番畔"能吃到潮菜、喝到工夫茶、看到潮剧、听到潮州音乐吗？找找资料，了解这方面的情况，并分享给同学们。

16　作苦工歌

心慌慌，意茫茫，上山作苦工。

日出乞[1] 日曝[2]，雨落乞雨沃[3]；

所食番薯[4] 糜[5]，所擎[6] 大杉木；

一年劳[7] 到死，瘦骨落肉[8] 目凹凹[9]。

【注释】

① 乞 [keh⁴]：被，介词。

② 曝 [pag⁸]：晒。

③ 沃 [ag⁴]：淋。

④ 番薯：甘薯，地瓜。

⑤ 糜 [muê⁵]：粥，稀饭。潮人为了节省大米，常用红薯和大米搭着煮粥，叫"番薯糜"。

⑥ 擎 [kia⁵]：用肩膀扛。

⑦ 劳 [le⁵]：劳作。

⑧ 瘡 [sang²]骨落肉：瘦骨嶙峋的样子。

⑨ 目凹凹 [tag⁴]：眼睛凹陷下去。

这首歌谣描述了昔年的"过番"男子在异国从事最艰苦繁重的苦工，他们每天都在拼命地干活，雨淋日晒、缺衣少食，人变得瘦骨嶙峋、眼睛深凹。歌谣反映了第一代华侨在外国打工的艰难困苦。

知识拓展

"过番"者为生活所迫，远渡重洋去到国外赚钱谋生。初来乍到，他们绝大部分做的是繁重的苦工。但他们勤奋刻苦、日夜拼搏，一点一滴地把工钱积攒起来，寄回家乡，供养家人。在那个谋生艰难、通信与交通不发达的年代，"过番"者很久才能回一次家，有的甚至一辈子都没有再回来。所以，平安归来对于华侨及侨眷来说是最重要的事。

活动探究

"过番"者为了生活，日夜拼搏，相信你会为他们勤奋刻苦的精神所感动。请你把这首儿歌读给爸爸妈妈听，讲讲你学习到的"过番"故事和你的学习体会。

17　写批书

想爱写批回唐山，支笔擎[1] 起目汁落，

老婆在家怎度日？老母病重又奈何？

囝儿[2] 无粮怎抚养？心头好似海扬波。

想来想去难落笔，信纸白白[3] 个字无。

【注释】

① 擎 [kia^5]：握，拿。在这里指单手握持。

② 囝 [gian^2] 儿：小孩。

③ 白白：空白。

导　读

　　这首歌谣描写了"过番"者对家中亲人的牵挂与担忧，想要写批回家，但心里像是掀起了波澜，情绪万千，无从下笔。歌谣反映了昔日的华侨身在国外、心挂家人的思念之情。

　　侨批，专指海外华侨通过海内外民间机构汇寄至国内的汇款和家书，是海外侨胞通过水客、侨批局的民间渠道及后来的金融邮政机构寄回国内、连带家书或简单附言的特殊汇款凭证。在潮汕侨乡，人们把这种有海外汇款的、银信合封的家书称为"番批"。在福建闽南话、广东潮汕话和梅县客家话中，"批"是"信"的意思。批信中除了向家人报平安之外，多数还会写上对家中长辈的问候与对妻儿的嘱咐，纸短情长，思念无限，反映了华侨对亲人的思念之情。

　　请你在教师或者家长的陪伴下，参观汕头侨批文物馆，找一封你读完印象最深的侨批，说说你的感想。

18　通日拚[1]生死

通日[2] 拚生死，
磨[3] 到目凹凹。
一日[4] 拖磨咬牙根[5]，
一夜[6] 倒落[7] 荟合目。
何日转[8] 唐山？
厝[9] 来起，田来辖[10]。

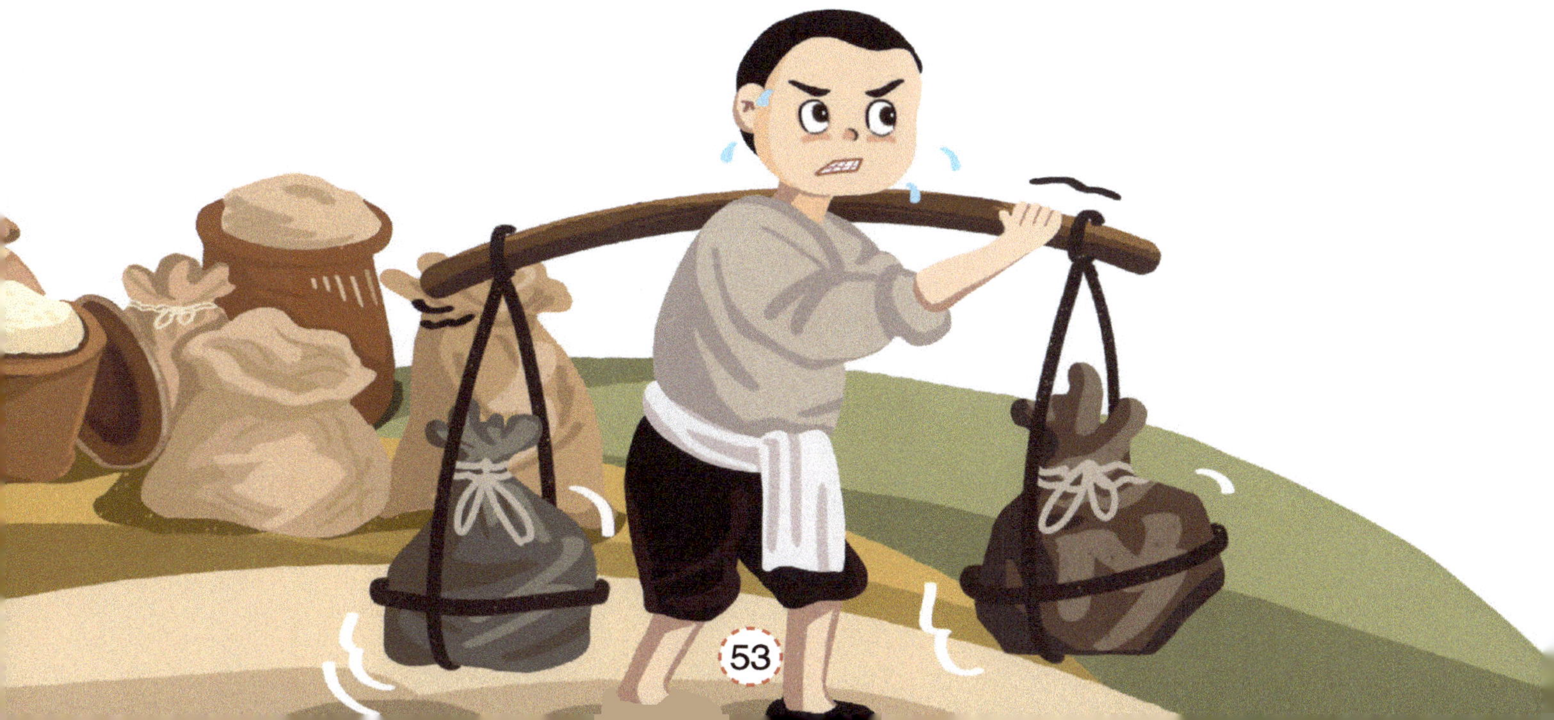

【注释】

① 拚 [bian³]：同 "拼"，指不顾一切地干。

② 通 [tang³] 日：整天。

③ 磨 [bhua⁵]：辛苦劳累。

④ 一日：白天。

⑤ 咬牙根：咬紧牙关。

⑥ 一夜 [mê⁵]：夜里。

⑦ 倒落：躺下。

⑧ 转 [deng²]：回去。

⑨ 厝 [cu³]：房子。

⑩ 辖 [hag⁴]：购置。

导 读

　　这首歌谣描述了昔年 "过番" 者在异国他乡拼死拼活地干活，熬到骨瘦如柴、眼眶深凹。而如此拼命干活的目的，就是想早些回家乡建房安家、买地创业。它反映了华侨热爱家乡、热爱亲人之情和重返家乡创业致富的美好愿望。

　　有这样一个说法："国内一个潮汕，国外一个潮汕。"据《潮汕侨批简史》载：潮汕地区，仅仅在 1869 年到 1948 年，潮汕 "过番" 总人数就达到 580 余万人。现在的潮籍华侨人数已经有 1 000 多万人。这一数字，几乎相当于潮汕本土的人数。早在宋元时期，潮汕人便开始到海外经商，"过番"传统由来已久，潮汕"过番"者大多从事个体农耕、工匠、小商贩或店员等工作；苦力劳动者多从事码头搬运、修筑公路铁路、挖掘灌溉渠道和兴建寺院屋宇等工作。潮人"过番"一般是由于家境贫寒，"过番"的人肩负着养家糊口的重担，独自来到外国谋生，其压力可想而知。而且华侨初到国外时举目无亲，处境艰难。也正是由于这样的处境，在外潮人不得不相互依靠，后来的投靠先来的，慢慢地形成了一个"海外潮汕"。

　　国内的潮汕人，有相当一部分靠"番批"过日子，故有"番畔钱银唐山福"的俗语。你能理解这句俗语的意思吗？按照你的理解，说说你的体会。

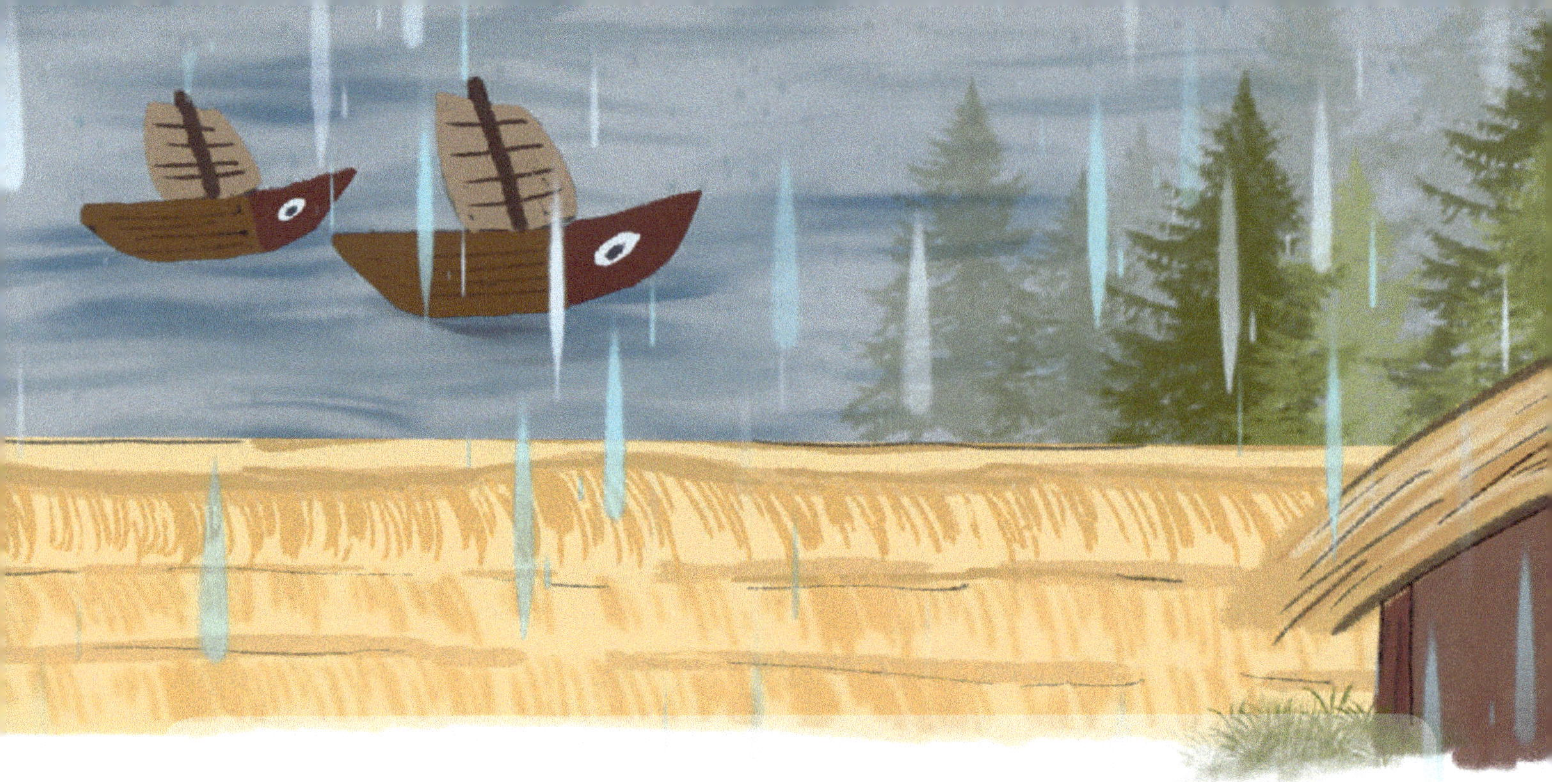

19　雨漏漏

雨漏漏，儿夫①赚钱在外头②；
虽是别人团，挂确③在心头。
雨融融④，儿夫赚钱在外洋；
虽是别人团，挂确在心腔。

【 注释 】

①儿夫：这里指丈夫。

②外头：外面，这里指外国。

③挂确 [kua³ kag⁴]：牵挂，挂念。

④融 [iong⁵（洋）] 融：是指雨后道
路泥泞。潮语说：雨落到一间融融。

　　这首歌谣描述了男人"过番"在外国谋生，留下妻子在家乡苦苦等待着丈夫，通过"过番"者家中的妻子对在国外谋生赚钱的丈夫牵肠挂肚的思想感情，反映了旧时代潮汕"留守妇女"的悲凉心境。

知识拓展

　　侨眷，指华侨在国内的家眷。侨乡，即华侨、华人的故乡，主要指国内某些华侨较多、侨眷较为集中的地方。广东和福建的很多县就因为历史上旅居海外的华侨较多而被称为"侨乡"。比如汕头就是著名的侨乡，有很多华侨回乡建设的侨宅，如澄海的"陈慈黉故居"、樟林古港的"南盛里"、龙湖大衙村的"添盛内"……

侨乡，承载着许多华侨对家乡最深的依恋。潮汕地区有很多由归国华侨捐资建造的建筑，找一两处和爸爸妈妈去走访一下，一定会有所收获。

20 离乡背井寻生机

离乡背井①寻生机，暗礁②恶浪免用理。
是输是赢俺③不怕，自强不息靠家己④。
来日⑤若有发达时，报效国家是正理。

【注释】

① 离乡别井：离开家乡到外地。

② 暗礁 [ziao¹]：对航行有潜在危害的礁石。

③ 俺 [nang²]：我。

④ 家己 [ga¹ gi⁷]：自己。

⑤ 来日：将来。

导 读

　　这首歌谣描述了潮人因为家乡生活困难、无法生活下去，不得不辞别妻儿，离乡背井到南洋谋生。它同时表现出潮人虽然身处异国，却依然怀有报效祖国的志向，反映了潮籍华侨热爱祖国、热爱家乡、敢于开拓的精神。

郑午楼（1913—2007），祖籍广东潮阳市沙陇镇东仙村，生于泰国曼谷。精通中、英、泰文，喜爱中国经书诗文，擅长中国书法。

1950 年，郑午楼与好友在曼谷创办京华银行，任该行董事长。该行是泰国的主要商业银行之一。郑午楼还经营保险业和酒业，热心社会公益福利事业，从 23 岁起便任泰国最大慈善机构泰国华侨报德善堂董事长，成功地将该善堂的救护医院扩建成泰国最具现代化的全科华侨医院。他由于声誉高，历任泰国银行公会主席，潮州会馆永远名誉会长，泰国公益金委员会主席等职。

向家人了解身边华侨的爱国爱乡事迹，并记录下来和小伙伴分享吧。